LEONARDO
DA VINCI

Título original: LEONARDO DA VINCI: THE GENIUS WHO DEFINED THE RENAISSANCE
Concebido y diseñado por Marshall Editions
The Old Brewery, 6 Blundell Street, London N7 9BH, U. K.

© 2006, Marshall Editions

De esta edición:
© 2006, Santillana de Ediciones Generales, S.L.
Torrelaguna, 60. 28043 Madrid
Teléfono: 91 744 90 60

Adaptación del inglés: CÁLAMO&CRAN, S.L.
Traducción: Wendy P. López
Edición y corrección: Jimena Licitra

Aguilar, Altea, Taurus, Alfaguara, S.A. de Ediciones
Avda Leandro N. Alem 720 C1001AAP, Buenos Aires. Argentina

Editorial Santillana, S.A. de C.V.
Avda Universidad, 767. Col. del Valle,
México D.F. C.P. 03100 México

Distribuidora y Editora Aguilar, Altea, Taurus, Alfaguara, S.A.
Calle 80, nº 10-23 Bogotá. Colombia

ISBN: 84-372-2467-5 / 970-770-765-8

Printed and bound in China by Midas Printing Limited / Impreso y encuadernado en China por Midas Printing Limited
Todos los derechos reservados

www.alfaguarainfantilyjuvenil.com
www.editorialaltea.com.mx

Página anterior: El cuadro más famoso de Leonardo, la *Mona Lisa*.
Portadilla: *San Juan el Bautista*, obra de Leonardo realizada hacia 1515.

LEONARDO
DA VINCI

EL GENIO QUE DEFINIÓ EL RENACIMIENTO

JOHN MALAM

Altea

CONTENIDO

LOS PRIMEROS AÑOS

Un joven de Vinci   8

Primeras lecciones   12

Cambios en la técnica del retrato   14

Una nueva etapa en Florencia   16

NUEVO TRABAJO

Formación de artista   20

Intentando sobrevivir   24

En busca de un mecenas   26

Adiós a Florencia   28

UN HOMBRE OCUPADO

Llegada a Milán   32

Amigos y aprendices   34

Los manuscritos de Leonardo   36

La potencia del agua   38

El sueño de volar   40

Un fresco muy frágil   42

NUEVOS RETOS

Viajes por Italia   46

El arte de la guerra   48

Batalla de gigantes   50

La *Mona Lisa*   52

El cuerpo humano   54

Una invitación a Francia   56

El legado de Leonardo   58

Glosario   60

Bibliografía e índice alfabético   62

LOS PRIMEROS AÑOS

Un joven de Vinci

Leonardo da Vinci estudió para ser artista, pero en su larga trayectoria no pintó más que unos pocos cuadros, dejando muchos inacabados. Sin embargo, uno de ellos, la *Mona Lisa*, es uno de los más famosos de la historia. Leonardo también tenía otros intereses, como las matemáticas y la ingeniería. Actualmente, se le considera un auténtico genio.

Página anterior: Leonardo dibujó este paisaje en 1473. A diferencia de otros artistas, que dibujaban a partir de su imaginación, Leonardo dibujaba lo que veía. Así, este boceto es considerado el primer paisaje del arte occidental.

Abajo: Vivienda en la aldea de Vinci, en la que se dice que nació Leonardo.

Leonardo da Vinci nació en una aldea remota de Italia hace más de 550 años. Se conocen muchos detalles sobre su nacimiento gracias a su abuelo, Antonio da Vinci, quien escribió sobre el acontecimiento en un viejo cuaderno. No lo había utilizado durante 16 años y empleó el poco espacio que le quedaba al final de la última página para contar el nacimiento de su nieto.

Según su abuelo, Leonardo nació en Vinci el sábado 15 de abril de 1452, en la "tercera hora de la noche", es decir, la tercera hora tras la puesta del sol: más o menos, a las 22:30. Antonio cuenta que bautizaron al niño al día siguiente y que cinco hombres y cinco mujeres fueron testigos del acontecimiento.

1450

Se forma una alianza entre las ciudades-estado de Florencia, Nápoles y Milán, en Italia.

1450

Francesco Sforza se convierte en duque de Milán.

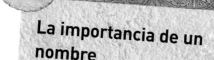

La importancia de un nombre

El título de "Ser", como aparece en el nombre del padre de Leonardo, indicaba que era abogado. Los miembros de esta profesión eran muy respetados en la sociedad y la forma adecuada de dirigirse a ellos era utilizando dicho título.

Antonio cuenta también que Leonardo era hijo de su propio hijo, Ser Piero, un abogado exitoso. Lo que no revela, sin embargo, es el nombre de la madre. Antonio decidió mantenerlo en secreto, pues los padres de Leonardo no estaban casados. Eso lo convertía en un hijo ilegítimo, algo que, por entonces, era motivo de vergüenza. Los historiadores dicen que la madre de Leonardo se llamaba Caterina y que procedía de una familia pobre. Es posible que fuera una de las criadas de la casa y tuviera unos veinte años al dar a luz. La pareja formada por Caterina y Ser Piero no tenía futuro. Procedían de clases sociales distintas y, según la costumbre de la época, Ser Piero no podía casarse con alguien "inferior".

Abajo: La aldea de Vinci, donde la familia de Leonardo había vivido desde el siglo XIII.

15 de abril de 1452

Nace Leonardo da Vinci, hijo ilegítimo de Ser Piero da Vinci, abogado, y Caterina, campesina.

1452

El padre de Leonardo contrae matrimonio con Albiera Amadori.

La aldea de Vinci se encuentra en la región de la Toscana, en el centro de Italia. La familia de Leonardo había vivido allí durante, al menos, 200 años antes de que él naciera. Habían adoptado el nombre de la aldea como apellido, una práctica muy común en la Italia de aquel tiempo. Varias generaciones de hombres de la familia da Vinci se habían dedicado a la abogacía y eran conocidos por su trabajo en la cercana ciudad de Florencia. La familia poseía tierras y propiedades en la aldea y mantenían una cómoda posición económica, aunque no eran ricos.

Aunque su padre era abogado, Leonardo nunca tuvo

Izquierda: Vinci era una aldea agrícola, famosa por sus olivos y viñedos. En la imagen, se muestra la cosecha de la uva en la Italia de la época en la que Leonardo era niño.

1452
Lorenzo Ghiberti finaliza las *Puertas del Paraíso* del Baptisterio de Florencia.

1452–1453
Leonardo vive con su madre, Caterina.

Primeros recuerdos

Leonardo solía contar que, siendo niño, un milano real (una especie de halcón) se posó en su cama y le sacudió los labios con la cola. Leonardo estaba convencido de que éste era el origen de su fascinación por volar.

la opción de seguir sus pasos en la profesión, pues era hijo ilegítimo. Ésta era una de las normas que tenía el gremio de los abogados de Florencia en aquella época.

Unos meses después del nacimiento de Leonardo, Ser Piero se casó con Albiera Amadori, miembro de una familia pudiente de Florencia. Entonces Ser Piero era un ambicioso joven de 25 años. Lo más seguro es que tuviera grandes planes como abogado y un "buen matrimonio" lo ayudaría a conseguir su propósito. Aunque no se preocupó en exceso por la educación de su hijo, tampoco lo abandonó y es posible que colaborara en su crianza.

Leonardo pasó el primer año de vida junto a su madre. Después, los padres de Ser Piero, Antonio y Lucía da Vinci, se encargaron de él. Antonio contaba entonces con 80 años y Lucía rondaba los 60. Francesco, uno de los hijos de la pareja, vivía en casa. Aún era adolescente y trabajaba en las tierras de la familia.

Poco después, Caterina se casó y se mudó a una aldea cercana a Vinci. Allí tuvo otros cinco hijos. Leonardo recibía visitas de su madre y sus hermanastros de vez en cuando, pero su padre permanecía largos períodos en Florencia debido a su trabajo. Se cree que la infancia inestable de Leonardo pudo afectar a su personalidad, haciendo que se refugiara en su propia imaginación.

1453
Leonardo se va a vivir con sus abuelos, Antonio y Lucía da Vinci.

1455
Se completa el Palazzo Venezia, en Roma, el máximo exponente de los palacios del Renacimiento.

Primeras lecciones

Arriba: En el siglo XV, las escuelas como ésta, eran sólo para los hijos de las familias más ricas.
Los niños pobres ayudaban a sus padres o aprendían un oficio.

Los historiadores han tratado de revelar los secretos de la infancia de Leonardo, pero aún quedan muchas incógnitas. Actualmente, sabemos que Leonardo aprendió matemáticas y música, así como a leer y escribir.

Leonardo tenía amigos y jugaba con niños de su edad, pero no sabemos nada de ellos. Es posible que jugara al futbol o a los trompos. Sabemos que estaba muy apegado a su tío Francesco, que cuidaba de los olivares, los viñedos y los campos de trigo de la familia. Leonardo aprendió de él las técnicas de recolección, desarrollando, así, una fascinación por la naturaleza que perduraría toda su vida.

En el siglo XV, la mayoría de los niños italianos no iban a la escuela. Los chicos de las familias ricas acudían a las escuelas de gramática y aprendían a leer y a escribir en latín, pero no hay pruebas de que Leonardo también lo hiciera. Años más tarde, Leonardo diría que era un "hombre analfabeto", es decir, que no sabía latín. El latín era la lengua que se usaba en la antigua Roma, pero, en los días de Leonardo, seguía siendo el idioma empleado por los abogados, los médicos y los banqueros, además de por la Iglesia.

1456
Muere Filippo Brunelleschi, uno de los primeros en utilizar la perspectiva en el arte.

1464
Fallece Albiera, la primera madrastra de Leonardo.

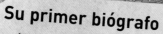

Su primer biógrafo

La primera persona en escribir una biografía sobre Leonardo fue Giorgio Vasari (1511-1574). Nunca lo conoció, pero tuvo la oportunidad de hablar con gente que sí lo había tratado. La biografía de Vasari, publicada en 1550, tiene diez páginas (es un capítulo de un libro sobre las vidas de artistas famosos), pero incluye datos que no se encuentran en ningún otro lugar.

Es posible que su educación no fuera completa porque, como hijo de padres no casados, nunca hubiera podido acceder a estas profesiones. Por su condición de hijo ilegítimo, también se le cerraron las puertas de la universidad. Dado su interés por la naturaleza, es posible que la familia pensara que el joven Leonardo quería ser agricultor.

Pero su empeño lo llevó a aprender a leer y a escribir en italiano. Además, Leonardo era zurdo, y eso, en aquel tiempo, era considerado un mal hábito. Pero parece ser que nadie lo obligó a utilizar su mano derecha, lo que hubiera tenido consecuencias desastrosas para sus habilidades para escribir y dibujar. Giorgio Vasari, que escribió un relato sobre la vida de Leonardo, dice que aprendió aritmética y música, y a tocar la lira (instrumento de cuerda). Algunos historiadores creen que la falta de educación formal de Leonardo lo ayudó a crear una personalidad independiente como librepensador.

> "[Leonardo] habría sido un alumno excelente en sus primeros años, de no haber sido tan volátil e inestable. Pues siempre se interesaba por asuntos que terminaba abandonando casi de forma inmediata."
>
> **Giorgio Vasari, *Vidas de los más excelentes pintores, escultores y arquitectos*, 1550**

1465

El padre de Leonardo se casa con Francesca di Ser Giuliano Lanfredini.

1465

Muere el abuelo de Leonardo.

Cambios en la técnica del retrato

Leonardo da Vinci vivió en el Renacimiento, que significa "volver a nacer". En esta época, los artistas se fijaban en la cultura de Grecia y Roma para obtener su inspiración y comenzaron a cambiar la forma en la que trabajaban.

En la Edad Media, los artistas no pintaban retratos como en la actualidad. Cuando retrataban a una persona, la representaban como un personaje de la Biblia o de la historia, cuyos rasgos y vestidos salían de la propia imaginación del artista, pues no les interesaba reflejar las semejanzas de una persona en concreto, capturando sus rasgos tal y como eran en realidad. Pero todo esto cambió en el Renacimiento. Los artistas sintieron la necesidad de mostrar el mundo tal cual es y de poner a prueba sus capacidades con nuevos temas. En la década de 1430, artistas como Antonio Pisanello comenzaron a realizar retratos de familias poderosas.

Título: *Retrato de una princesa de la casa de Este*
Artista: Antonio Pisanello
Fecha: 1436–1438
Este retrato de inicios del Renacimiento muestra al sujeto de perfil, de la misma manera en que los antiguos artistas griegos y romanos lo habían hecho.

Título: *Retrato de Federico da Montefeltro*
Artista: Piero della Francesca
Fecha: 1472–1474
Éste es el retrato de Federico da Montefeltro, un duque del centro de Italia. El duque le pagó a Piero della Francesca para que dejara constancia de sus rasgos. El artista incluso pintó el corte que el duque tenía en el puente de la nariz, consecuencia de un espadazo. Piero quiso reflejar el poder del duque retratándolo con aire de seriedad.

Título: *Retrato de un hombre joven*
Artista: Sandro Botticelli
Fecha: hacia 1480

Desconocemos el nombre de este joven procedente, con toda probabilidad, de Florencia. Es joven, de rasgos bellos y parece seguro de sí mismo. Pero lo más importante es que aparece de frente y no de perfil. Botticelli fue uno de los primeros artistas del Renacimiento en hacer este tipo de retratos.

Título: *Cecilia Gallerani*
Artista: Leonardo da Vinci
Fecha: hacia 1490

Leonardo fue muy innovador en el mundo del retrato y uno de los grandes artistas del Renacimiento. Este retrato de Cecilia Gallerani fue de los primeros en posición de tres cuartos que hizo, donde el cuerpo del sujeto mira hacia un lado y su rostro hacia otro. Da la impresión de que alguien la está llamando. Incluso su mascota parece estar escuchando algo. Es como si Leonardo hubiera conseguido captar el momento exacto.

Una nueva etapa en Florencia

Florencia era una ciudad rica e importante, que se encontraba a unos 32 km de Vinci. En la segunda mitad del siglo XV, la construcción de nuevos edificios, calles y plazas públicas la hicieron famosa por su belleza. Los más pudientes vivían en casas enormes, a las que llamaban palacios, dándose aires de grandeza.

La familia da Vinci había tenido vínculos con Florencia desde hacía muchos años. Allí vivía y trabajaba Ser Piero. A mediados de la década de 1460, Leonardo se le unió. Era la primera vez desde su nacimiento que su padre se encargaba de él.

Ser Piero había pasado a ser el abogado de la familia Médici, la más poderosa de Florencia. Albiera, su primera esposa, había muerto, y se había casado en segundas nupcias con Francesca. Sus padres habían fallecido y su hermano Francesco también se había casado. Ser Piero se había convertido, pues, en el cabeza de familia. Tenía una buena posición económica y no quedaba nadie en Vinci que pudiera cuidar de Leonardo. Para un chico que se había criado en la tranquilidad del campo, mudarse a una gran ciudad era una gran novedad. Florencia supuso un momento clave

Derecha: En la década de 1460, vivían unas 100 000 personas en Florencia. La ciudad, por la que pasa el río Arno, estaba amurallada y tenía torres de vigilancia.

1466
Leonardo entra en la escuela de Andrea del Verrocchio, en Florencia.

1466
Verrocchio funde una estatua de bronce que representa al David de la Biblia.

El maestro de Leonardo

Andrea del Verrocchio (1435–1488) era un artista de éxito que siempre estaba muy ocupado. Enseñó a muchos artistas de su tiempo. En la década de 1460, fue considerado el mejor de Florencia y era el escultor oficial de la familia Médici. Tenía un gran taller que producía toda clase de obras de arte para los ciudadanos ricos, las iglesias y los monasterios.

Derecha: Esta escultura de bronce del David de la Biblia, con la cabeza del gigante Goliat a los pies, es obra de Verrocchio. La hizo alrededor de 1466. Algunos creen que Leonardo, de unos 14 años en la época, fue el modelo, una práctica muy común por entonces.

en la educación de Leonardo. Ser Piero tenía muchos contactos allí, entre ellos, un artista llamado Andrea del Verrocchio. Éste tenía un taller donde enseñaba pintura y escultura. Ser Piero sabía que Leonardo tenía talento para el dibujo e hizo los arreglos necesarios para inscribirlo en el taller.

La escuela de Verrocchio no estaba muy lejos de la oficina de Ser Piero. Leonardo tenía entonces 14 o 15 años. El taller era como una tienda, una *bottega*, muy parecida a la de los zapateros, los carniceros o los sastres. Era una especie de fábrica donde se producían obras de arte, como cuadros para las iglesias o retratos de las familias más ricas o famosas, así como armaduras, vestuarios para bras de teatro y tumbas. Allí también había gallinas que ponían huevos. Aparte de usarlos como alimento, los artistas utilizaban los huevos en su trabajo.

1469

Lorenzo de Médici, de la poderosa familia del mismo nombre, sube al poder en la República de Florencia.

1470

Leonardo pinta el perro, el pez y el pelo rizado de Tobías del cuadro de Verrocchio *Tobías y el Ángel*.

NUEVO
TRABAJO

Formación de artista

Los aprendices de artista solían estudiar durante unos seis años con su maestro. Así, Leonardo pasó del escalafón más bajo en el taller a ocupar puestos de más categoría. Tras completar su formación como aprendiz, se convirtió, él mismo, en un gran maestro.

Leonardo y el resto de los alumnos vivían con Verrocchio en las habitaciones que había en los pisos superiores o en la parte trasera del taller. Las familias pagaban una asignación a Verrocchio por la comida y el alojamiento de sus hijos. A cambio, éste les enseñaba todo lo que sabía. Pero Leonardo no era como el resto de los aprendices. La gran mayoría eran hijos de comerciantes (carniceros, panaderos, etcéra) que habían ido a parar a la escuela de Verrocchio para aprender un oficio. Leonardo, en cambio, era hijo de un rico abogado; no había podido acceder al trabajo de su padre por ser hijo ilegítimo. Además, cuando entró como aprendiz, ya era algo mayor, pues la mayoría habían ingresado

Izquierda: El cuadro *Tobías y el Ángel* salió del taller de Verrocchio hacia 1470. Se cree que Leonardo se encargó de pintar el perro blanco a los pies del ángel, el pez que sostiene Tobías e incluso el pelo rizado del chico.

Página anterior: Detalle de *La Anunciación*, pintado por Leonardo hacia 1473. En él, se muestra al ángel Gabriel arrodillado frente a la Virgen María, mientras le anuncia que tendrá un hijo.

1472
Leonardo finaliza su formación y se convierte en miembro del gremio de pintores de Florencia.

1473
Fallece Francesca, la madrastra de Leonardo.

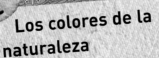

Los colores de la naturaleza

Los artistas mezclaban los colores a partir de materiales naturales: los marrones y los amarillos salían del ocre; el negro, de las plantas; el blanco, del plomo; el azul claro, del lapislázuli, una piedra semipreciosa; el verde, de la malaquita; y el rojo, del cinabrio.

en el taller cuando contaban con 12 años de edad o incluso menos. Es posible que, dadas las circunstancias, Leonardo no encajara demasiado bien entre sus compañeros, pero esto no obstaculizó su progreso y no tardó en convertirse en el discípulo preferido de Verrocchio.

Las normas en los talleres de los artistas eran muy estrictas. Al principio, Leonardo sólo podía observar el trabajo de Verrocchio y escuchar sus comentarios, además de hacer recados y ordenar el taller. Así, poco a poco aprendió a hacer pinceles y a preparar las mezclas de pintura. Cuando Verrocchio creyó que Leonardo estaba listo, le enseñó a dibujar. Es posible que comenzara dibujando figuras humanas y paisajes. De ahí, Leonardo habría pasado a copiar los cuadros de su maestro.

Verrocchio también le enseñó a trabajar en piedra, barro, madera y metal. Según iba progresando, los encargos que Verrocchio le confiaba a Leonardo eran más importantes y complicados. Su labor, como la del resto de los alumnos, era formar la base de una obra de arte a la que, como maestro, Verrochio le daría el toque final. Era un trabajo en equipo, en el que el maestro se llevaba toda la gloria.

"Para conseguir un verde suave, hay que mezclar un poco de verde con betún. Así, se consiguen sombras más oscuras."

Leonardo da Vinci, *Cuaderno de notas*

5 de agosto de 1473

Leonardo hace el boceto más antiguo que ha llegado a nuestros días de su colección, en el que se muestra un paisaje (página 7).

1473

Leonardo pinta un ángel en el cuadro de Verrocchio *El bautismo de Cristo*.

En las últimas etapas de su período de formación, Leonardo aprendió a pintar sobre madera y al fresco (en escayola). Antes de empezar a pintar sobre la escayola, los artistas tenían que hacer un boceto del dibujo sobre ella. Entonces se hacía el dibujo a tamaño completo sobre papel y las líneas se cubrían de agujeritos. Luego, el papel se fijaba a la pared. Se espolvoreaba carbón en polvo por el dibujo y éste, al caer en los agujeros, marcaba el trazado sobre la escayola. Luego, no quedaba más que pintarlo. Si, por el contrario, se pintaba sobre madera, el artista tenía que hacer el dibujo directamente sobre ella.

Leonardo comenzó pintando a la témpera. Para ello, mezclaba pigmentos (colores) en polvo con un poco de agua y yema de huevo. Por eso, había gallinas en el taller de Verrocchio. La yema de huevo servía para ligar los pigmentos. El problema de la témpera es que se secaba muy rápido, así que los artistas tenían que ser muy rápidos, algo que le costaba mucho a Leonardo. Por suerte, se estaba imponiendo un nuevo estilo: la pintura al óleo, una técnica que había llegado hasta Italia desde los Países Bajos. Leonardo la prefería porque, así, podía trabajar a su propio ritmo.

Derecha: Documento que certifica la inscripción de Leonardo en el gremio de pintores de Florencia en 1472. Su nombre aparece como "Lionardo D. S. (di Ser) Piero da Vinci". Tras él, aparece la palabra *dipintore*, que quiere decir "pintor en ejercicio".

1473
Leonardo completa *La Anunciación*, su primer cuadro.

1475
El padre de Leonardo se casa con Margherita di Francesco, la tercera madrastra de Leonardo.

Derecha: El primer retrato que hizo Leonardo fue éste de Ginevra de Benci. Ginevra tenía unos 19 años cuando Leonardo la retrató, en 1476. Este hermoso cuadro es uno de los pocos que Leonardo llegó a terminar.

Sin embargo, Leonardo no era aún libre para pintar sus propios cuadros, pues continuaba siendo alumno de Verrocchio y tenía que seguir añadiendo detalles a las obras de su maestro. Eso hizo en el cuadro llamado *Tobías y el ángel* (página 20). Pero, en el verano de 1472, a la edad de 20 años, Leonardo completó su formación y pasó a formar parte del gremio de pintores de Florencia. Ya podía trabajar por su cuenta. No obstante, no abrió un taller de forma inmediata, sino que prefirió quedarse en el de Verrocchio como ayudante. En 1473, terminó su primer cuadro: *La Anunciación* (página 19).

Giorgio Vasari, el primer biógrafo de Leonardo, cuenta que, en este período, Leonardo añadió un ángel a uno de los cuadros de Verrocchio (*El bautismo de Cristo*, hacia 1473). Vasari cuenta que, al ver el ángel, Verrocchio supo que jamás llegaría a pintar nada comparable y se retiró. Pero no cabe duda de que Vasari estaba adulando a Leonardo y es posible que la historia no sea del todo cierta.

Un club de artistas

Muchos artistas de Florencia formaban parte del gremio de pintores de la ciudad, la Compagnia di San Luca (la Compañía de San Lucas). Los artistas debían unirse al gremio si querían abrir sus propios talleres. San Lucas es el patrón de los artistas porque, según cuenta la leyenda, él también pintaba y es posible que hiciera retratos de Jesús y la Virgen María.

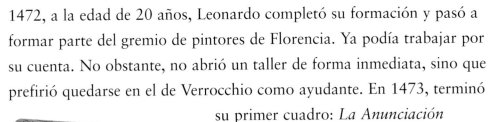

1475
Nace, cerca de Florencia, Miguel Ángel Buonarroti, uno de los artistas más grandes de todos los tiempos.

26 de febrero de 1476
Nace Antonio, el primer hermanastro de Leonardo.

Intentando sobrevivir

Leonardo trabajó como ayudante de Verrocchio durante unos cinco años más hasta que, hacia 1477, se estableció por su cuenta. Tenía unos 25 años. Fue una decisión arriesgada, pues estaba dejando de lado la seguridad que le ofrecía un trabajo fijo, una casa y comida.

Al principio, Leonardo tuvo que hacer grandes esfuerzos para sobrevivir. Florencia era una ciudad repleta de artistas que competían entre sí para encontrar trabajo. En la década de 1470, había, por lo menos, 30 talleres de pintores. Todos ellos soñaban con recibir encargos de los personajes más poderosos de la ciudad o de las iglesias. Leonardo se dio cuenta de que conseguir un mecenas no era una tarea fácil, pero tenía que hacerlo si quería vivir de su trabajo como artista. Uno de los más admirados era Lorenzo de Médici (1449–1492). En esta época, Leonardo pasó por momentos familiares muy difíciles. En 1475, su padre, Ser Piero, volvió a casarse tras la muerte de Francesca, su segunda esposa. En 1476, su nueva mujer, Margherita, había dado a luz a un

Izquierda: Es posible que Leonardo encontrara su inspiración en retablos como éste, de Fra Angelico, pintado hacia 1440 para una iglesia de Florencia. En él se muestra el descenso de Cristo de la Cruz.

1476
Leonardo pinta el retrato de Ginevra de Benci (página 23).

1477
Leonardo abre su propio taller en Florencia.

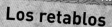

Los retablos

Los retablos son cuadros especiales que se colocan en los altares de las iglesias. Las más importantes tienen varios, que suelen ser obra de los artistas más importantes del momento. En la Antigüedad, cuando la gente no sabía leer, las pinturas ayudaban a comprender los relatos de la Biblia.

niño llamado Antonio. Al ser hijo legítimo de Ser Piero, Antonio podía acceder a la carrera legal de su padre y también a su fortuna. Tal vez fuera esto lo que impulsó a Leonardo a establecerse por su cuenta, pues sabía que, llegado el momento, tendría que ver por su futuro él solo.

El 10 de enero de 1478 fue un gran día para Leonardo. Le hicieron su primer encargo. Le pidieron que pintara un retablo con la natividad (el nacimiento de Jesús) para la capilla de San Bernardo, en Florencia. Buscó entonces a un aprendiz, un joven llamado Paolo da Forenze. Aunque le pagaron por adelantado, Leonardo nunca terminó el cuadro. Es posible que perdiera interés en él o que no estuviera satisfecho con la calidad de su trabajo. A lo largo de su vida, Leonardo dejaría trabajos a medias en más de una ocasión. En 1480, comenzó otro dedicado a San Jerónimo, pero no lo completó. No obstante, todo aquello que conseguía terminar era de una calidad exquisita, y la gente empezó a respetarlo como artista.

Derecha: Leonardo comenzó el cuadro de San Jerónimo alrededor de 1480, pero nunca lo terminó. La obra muestra al santo acompañado de un león. Las familias más ricas de Florencia poseían animales salvajes, por lo que es posible que Leonardo hubiera visto leones en vida real para poder dibujarlos.

1478

Leonardo recibe un encargo para pintar un retablo en la capilla de San Bernardo de Florencia.

1478

Sandro Botticelli termina la *Primavera*, una de las grandes obras del Renacimiento.

En busca de un mecenas

Los mecenas eran personas o instituciones que pagaban a los artistas para que crearan obras de arte. El mecenazgo alcanzó su mayor apogeo en la Italia del Renacimiento. Las familias más importantes del país, como los Médici, de Florencia, se habían hecho ricas gracias a sus actividades bancarias y comerciales. Creían que su labor era encargar grandes obras de arte para luego donarlas a las iglesias y así educar a la gente en el cristianismo. También encargaban esculturas y cuadros para decorar sus propios palacios. Los artistas dependían por completo de sus mecenas para trabajar y ganar dinero, así que eran éstos los que decidían los temas de las obras e incluso influían en su manera de trabajar. Leonardo tuvo muchos mecenas. Con algunos se llevó muy bien, pero con otros llegó a sentirse muy frustrado.

Abajo: En 1460, el artista Benozzo Gozzoli recibió el encargo de los Médici de pintar las paredes de su capilla privada. Aquí se reproduce parte del resultado final, la *Procesión de los Magos*. En él se muestra a un joven rey (uno de los magos que visitaron al niño Jesús) a la cabeza de una procesión. Los cuatro hombres a caballo son, en realidad, retratos de los miembros de la familia Médici. De esta forma, los Médici dejaban constancia de su poder político y económico.

Derecha: En el mes de agosto de 1502, Leonardo empezó a trabajar para un nuevo mecenas. Fue nombrado ingeniero militar del poderoso Cesare Borgia, cuyos ejércitos trataban de controlar el centro de Italia. Borgia le dio a Leonardo un pasaporte con el que podía viajar libremente por los territorios bajo su mando para inspeccionar las fortificaciones.

Izquierda: En el siglo xv, Italia no estaba unificada. La región estaba dividida en distintos estados, cada uno de ellos gobernado desde una gran ciudad. La familia Médici gobernaba la región de Florencia. Otras familias poderosas (y posibles mecenas) incluían los d'Este, en Ferrara, y los Sforza, en Milán.

SABOYA
MONTFERRAT
SALUZZO
GÉNOVA
MILÁN
Milán
MANTUA
Mantua
Venecia
REPÚBLICA VENECIANA
FERRARA
MÓDENA
Imola
Mar Adriático
LUCCA
Vinci
Pisa
Florencia
FLORENCIA
SIENA
ESTADOS PAPALES
Roma
REINO DE NÁPOLES
Nápoles
Mar Mediterráneo
SICILIA

Adiós a Florencia

Hacia 1481, Leonardo estaba listo para un cambio. En los cuatro años que habían pasado desde que abandonó la seguridad del taller de Verrocchio, había tenido grandes dificultades para ganarse la vida. No había conseguido el mecenazgo de Lorenzo de Médici y tampoco había terminado ninguno de los encargos que le habían hecho.

Es posible que el hábito de Leonardo de no terminar sus encargos le valiera la reputación de ser poco fiable. Tal vez debido a su pasado familiar, su falta de educación e incluso su acento del campo, se sintiera como alguien que no "encajaba" bien en la comunidad artística de Florencia. En octubre de 1481, el papa Sixto IV le pidió a Lorenzo de Médici que le enviara a los mejores artistas florentinos a Roma para decorar la Capilla Sixtina de El Vaticano, centro de la Iglesia Católica. Leonardo no estaba entre los elegidos. Sin embargo, uno de sus talentos no le había pasado inadvertido a Lorenzo de Médici: el de la música. Leonardo sabía tocar la lira y cantaba bien.

Se dice que Lorenzo de Médici preparó el viaje de Leonardo a Milán para que trabajara allí como

Izquierda: A principios de 1481, los monjes del monasterio de San Donato le encargaron a Leonardo un retablo, *La adoración de los Magos*. Le dieron un plazo de 30 meses para acabarlo, pero Leonardo no lo cumplió. Al abandonar Florencia a finales de 1481, el cuadro seguía inacabado.

1480
Leonardo comienza a pintar su San Jerónimo, pero nunca lo termina.

1480
En Milán, Ludovico Sforza toma el poder de manos de su sobrino.

músico de corte. Leonardo sería un "regalo diplomático" de Lorenzo a Ludovico Sforza, duque de Milán. No obstante, otra versión de la historia cuenta que Ludovico Sforza fue el que invitó a Leonardo a Milán. En cualquier caso, lo que Leonardo quería era salir de Florencia.

En esta época, Leonardo había anotado la palabra *dispero* en una página de su cuaderno de notas: "desesperación". Los historiadores lo han interpretado de muchas formas. Algunos dicen que era prueba de su frustración al ser ignorado por los mecenas. Otros dicen que se

Amigos especiales

Aunque nunca estuvo interesado en el matrimonio ni en tener hijos, Leonardo tuvo muchos amigos y compañeros a lo largo de su vida. Cuando abandonó Florencia, sus mejores amigos eran Fioravante di Domenico y Bernardo di Simone. Poco más se sabe de ellos, salvo que Leonardo anotó, junto a sus nombres, la palabra "amigos".

refiere al hecho de que se sentía solo y confundido. Con casi 30 años, Leonardo se encontraba en un punto decisivo en su vida. En el otoño de 1481, cerró su taller de Florencia y lo dispuso todo para dirigirse a Milán. La ciudad y la corte de Ludovico Sforza prometían para él un nuevo comienzo.

Izquierda: En una de las esquinas de *La adoración de los Magos* aparece un joven. Muchos creen que es un autorretrato de Leonardo a los 29 años.

1481	1481
El monasterio de San Donato de Florencia le encarga a Leonardo *La adoración de los Magos*.	Leonardo parte de Florencia a Milán para trabajar para Ludovico Sforza.

UN HOMBRE
OCUPADO

Llegada a Milán

Milán está a 305 kilómetros al norte de Florencia y, por aquel entonces, vivían allí unas 80 000 personas. En esta época, a Leonardo le interesaba la música, el mundo del arte, la ingeniería y también el teatro.

Entre las cosas que Leonardo llevaba en su maleta iba una lira que él mismo había fabricado. Se dice que la había hecho de plata y tenía la forma de una cabeza de caballo. Un instrumento de forma tan extraña, sin duda alguna llamaría la atención en su nueva ciudad. Y eso era, posiblemente, lo que Leonardo buscaba. Tal vez pensara utilizarla para que los más poderosos se fijaran en él y le dieran trabajo. Leonardo, emocionado, escribió una carta muy optimista a Ludovico Sforza en su cuaderno de notas.

Izquierda: Uno de los muchos bocetos de Leonardo para el monumento en honor de Francesco Sforza, padre de Ludovico. Cuando Leonardo lo tenía todo dispuesto para fundir la estatua, el bronce que iba a utilizar se destinó para fabricar cañones. Más tarde, en 1499, el molde fue destruido por los soldados franceses.

Página anterior: Cristo en *La última cena*, pintado por Leonardo en una pared del monasterio de Santa Maria delle Grazie, Milán, en 1495.

1483
Leonardo recibe el encargo de pintar la *Virgen de las Rocas*.

1486
Fallece Margherita, la madrastra de Leonardo.

El caballo

En 1999 se terminó una estatua de un caballo de bronce que seguía los diseños de Leonardo. Fue un regalo para la ciudad de Milán de parte de los Estados Unidos. Pesaba 15 toneladas y medía 7 metros de alto. Del mismo molde, salió otra copia: conocida como el "Caballo americano"; esta segunda escultura se levanta en los Frederik Meijer Gardens, en Grand Rapids, Michigan, Estados Unidos.

En ella describía todo lo que le podía ofrecer al duque, además de tocar la lira. En primer lugar, Leonardo destacaba sus destrezas como ingeniero militar y afirmaba que era capaz de construir puentes, cañones, carros acorazados y máquinas para el asedio. Sus habilidades como artista ocupaban casi el último lugar. Leonardo pensó que el duque estaría interesado en máquinas de guerra porque Milán estaba amenazada por el resto de las ciudades-estado italianas, así como por los franceses. Nadie sabe con certeza si Leonardo llegó a enviar esta carta o no, pero, en ella, se muestra como un verdadero "hombre del Renacimiento", es decir, con conocimientos en todas las áreas. Leonardo tuvo que esperar ocho años hasta que Ludovico Sforza le encargó una obra de arte. Entretanto, trabajó en distintos proyectos. Abrió su propio taller, donde realizó encargos como el retablo de la *Virgen de las Rocas*, diseñó escenarios y vestuarios de teatro y participó en un concurso para diseñar la torre de la catedral de Milán.

El proyecto que Ludovico Sforza le ofreció a Leonardo en 1489 consistía en una estatua de bronce de un caballo con su jinete, encargo importante que Leonardo esperaba que fuera su reconocimiento definitivo. Y no le faltó razón: desde entonces, tuvo mucho trabajo. Por desgracia, nunca terminó la estatua. En 1494, el ejército del rey francés Carlos VIII invadió Italia. El bronce que iba a usar para la estatua acabó fundiéndose para hacer los cañones usados contra los franceses.

1486

El padre de Leonardo se casa con Lucrezia di Guglielmo Cortigiani, la cuarta madrastra de Leonardo.

1487

Leonardo compite por el diseño de una torre de la catedral de Milán.

Amigos y aprendices

Leonardo, el artista, también era Leonardo, el profesor. De la misma manera en la que su maestro, Andrea del Verrocchio, le había enseñado lo que necesitaba para convertirse en artista, Leonardo transmitió sus conocimientos a sus propios aprendices. Algunos de ellos acabaron convirtiéndose en sus mejores amigos.

Leonardo ya había dirigido un taller en Florencia. Uno de sus aprendices había sido el joven Paulo da Firenze, muy bueno en marquetería (uso de pequeñas piezas de maderas de distintos colores con los que se hacen imágenes). La marquetería estaba muy de moda en los tiempos de Leonardo. Sin embargo, según sus cartas, Paulo "no era una buena compañía" y se le obligó a abandonar Florencia. El joven estuvo en el taller de Leonardo sólo un año.

Otro de los aprendices de Leonardo era Tommaso di Giobanni Masini, conocido como Zoroastro. Hijo de un jardinero, se unió a Leonardo cuando tenía 16 años y trabajó como su mezclador de colores en su taller de Milán en la década de 1490. Muchos otros chicos pasaron por el taller que Leonardo tenía en Milán, pero uno de ellos merece una mención especial.

"Fui a cenar… y el tal Giacomo [Salai] comía por dos y hacía travesuras por cuatro, pues rompió tres botellas y derramó todo el vino."
Leonardo da Vinci, *Cuadernos de notas*

1488
Muere Verrocchio, antiguo maestro de Leonardo.

1489
Ludovico Sforza encarga a Leonardo una escultura de bronce de un caballo y su jinete en honor a su padre.

Leonardo escribió en sus cuadernos de notas: "Giacomo vino a vivir conmigo el día de la fiesta de María Magdalena [22 de julio] del año 1490. Tiene 10 años". Su nombre completo era Giovanni Giacomo di Pietro Caprotti, pero se le conocía por su mote, Salai (que quiere decir "diablillo"). Leonardo escribió más de Salai en sus cuadernos que de cualquier otra persona.

A los pocos meses de vivir con Leonardo, Salai le robó la pluma a varios de los aprendices. Además, Leonardo estaba convencido de que Salai le robaba dinero, a él y a otras personas. En sus notas, lo describe como un niño indisciplinado y revoltoso, ladronzuelo, mentiroso, obstinado y glotón, pero Leonardo

Arriba: A la derecha, aparece el retrato de Salai en su juventud. Era un joven con cara de ángel y rizos. Se piensa que el anciano de la izquierda es Leonardo, tal y como creía que sería su aspecto de mayor.

le tenía cariño. A pesar de la gran diferencia de edad entre ellos (28 años), la amistad entre Leonardo y Salai duró casi 30 años. Salai se convirtió en su mejor amigo y compañero, y quizá Leonardo pensara en él como su hijo adoptivo. También lo tuvo presente en su testamento y le dejó una casa y algunas tierras en Milán, así como, posiblemente, algunos cuadros. Se cree que uno de ellos fue la *Mona Lisa*, la obra por excelencia de Leonardo.

1489
Leonardo comienza sus estudios de anatomía humana.

22 de julio de 1490
Leonardo acoge a Giovanni Giacomo di Pietro Caprotti, conocido como Salai, de diez años de edad.

Los manuscritos de Leonardo

En la década de 1480, Leonardo comenzó a escribir y a dibujar en cuadernos de notas. Los llevaba consigo a todos lados y, en ellos, anotaba las ideas que se le venían a la cabeza. Con el paso de los años, llegó a rellenar unas 20 000 páginas, 7 000 de las cuales han sobrevivido hasta nuestros días. Estos cuadernos nos dan una idea muy clara de la forma en la que trabajaba y pensaba el artista. A Leonardo le gustaban los cuadernos con cubiertas de cuero o vitela (un papel muy fino hecho de piel de becerro). Éstos se cerraban con una pequeña tachuela de madera que se pasaba por una cuerda. En el interior de la cubierta se guardaban páginas de papel hecho a mano en el que escribía, sobre todo, con tinta. Se han conservado páginas con bocetos, borradores de cartas, comentarios sobre personas y lugares, pensamientos sobre el arte, el agua, el cuerpo humano y muchas cosas más.

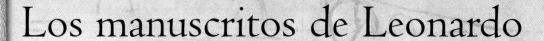

Izquierda: Leonardo realizó este dibujo detallado de la cabeza y cuello de un caballo en uno de sus cuadernos. Se cree que es uno de sus estudios para la estatua de bronce del monumento a Sforza. El dibujo muestra la carcasa externa del molde. Leonardo sabía que hasta que el bronce fundido no se enfriara, la presión sobre el molde sería enorme. Así, trató de reforzarlo con varas de metal, como se ve en este dibujo. Éstas evitarían que la estatua perdiera su forma. Tras solidificarse el interior, podría retirarse finalmente el molde sin temor a que la escultura se deformara.

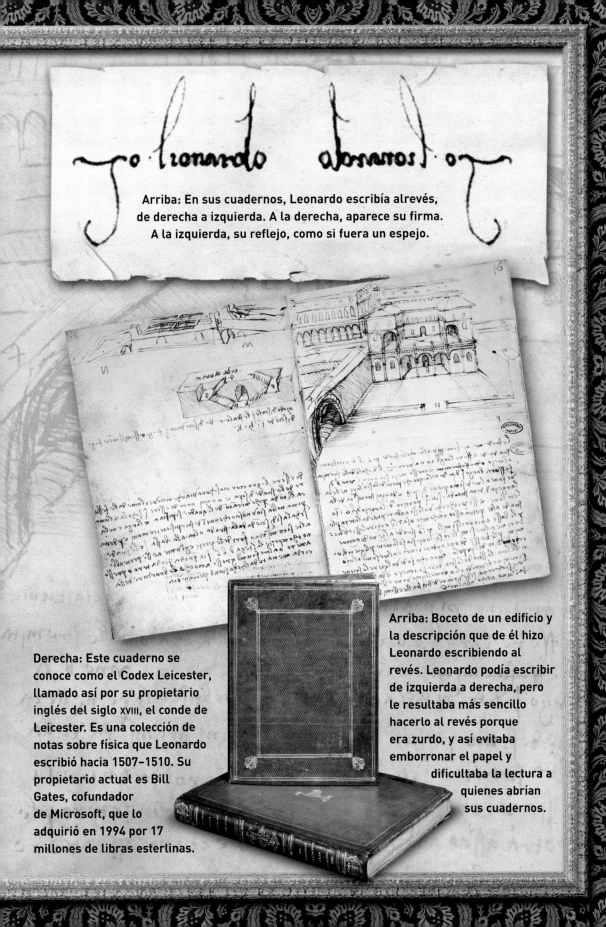

Arriba: En sus cuadernos, Leonardo escribía alrevés, de derecha a izquierda. A la derecha, aparece su firma. A la izquierda, su reflejo, como si fuera un espejo.

Derecha: Este cuaderno se conoce como el Codex Leicester, llamado así por su propietario inglés del siglo XVIII, el conde de Leicester. Es una colección de notas sobre física que Leonardo escribió hacia 1507–1510. Su propietario actual es Bill Gates, cofundador de Microsoft, que lo adquirió en 1994 por 17 millones de libras esterlinas.

Arriba: Boceto de un edificio y la descripción que de él hizo Leonardo escribiendo al revés. Leonardo podía escribir de izquierda a derecha, pero le resultaba más sencillo hacerlo al revés porque era zurdo, y así evitaba emborronar el papel y dificultaba la lectura a quienes abrían sus cuadernos.

La potencia del agua

Los cuadernos de notas de Leonardo revelan una visión extraordinaria para su tiempo. En ellos, habla sobre arte, ciencia, ingeniería y anatomía humana. Leonardo también se interesaba en estudiar el agua.

Leonardo creía que "el agua es al mundo, lo que la sangre es a nuestro organismo". En sus cuadernos, hizo bocetos de tormentas, remolinos, olas y gotas, y diseñó toda clase de inventos que funcionaban con agua. Dibujó, también, los primeros flotadores de la historia. Este sencillo objeto es muy común actualmente, pero, por entonces, nadie había visto nada parecido.

Leonardo también soñó con convertir las marismas en grandes reservas de agua, e incluso hizo planes para limpiar las calles de Milán con un sistema de compuertas y ruedas de palas.

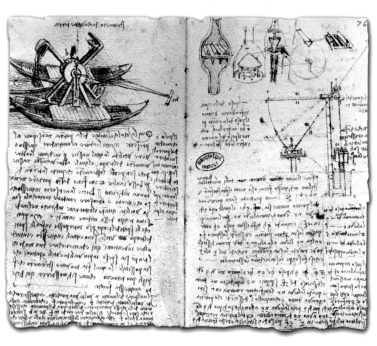

Izquierda: Leonardo diseñó muchos dispositivos acuáticos, como dragas, barcos con paletas y submarinos. En este diseño, muestra cómo el limo, que puede llegar a obstruir los canales, puede eliminarse de éstos y de los ríos y los puertos.

7 de septiembre de 1490
Salai roba una pluma a uno de los ayudantes de Leonardo.

Febrero de 1491
Leonardo diseña los trajes de los esponsales de Ludovico Sforza y Beatrice d'Este de Ferrara.

Vocabulario del agua

Leonardo hizo una lista con 64 términos distintos para describir los movimientos del agua. Entre ellos, estaban: circulación, revolución, rotación, repercusión, sumersión, surgimiento, declinación, elevación, depresión, percusión o destrucción.

Un proyecto lo tuvo ocupado durante años: la creación de un canal desde el río Arno, que uniría Florencia con el mar. Trazó su recorrido muchas veces, pero, como otras de sus grandes ideas, no llegó a realizarse.

Los historiadores se han preguntado por qué Leonardo estaba tan obsesionado con el agua. Antes de que se conociera la gasolina y la electricidad, la potencia de este elemento podía tener muchos usos prácticos, y es posible que Leonardo lo supiera.

También es posible que su interés procediera de su infancia, pues hubo dos hechos que lo marcaron: cuando tenía cuatro años, una gran tormenta, tan fuerte como un huracán, pasó por la ciudad de Vinci; y cuando tenía catorce años, el río Arno se desbordó e inundó Florencia. Es posible que, al haber presenciado estos hechos, Leonardo quedara fascinado con el poder devastador de las aguas.

No hay duda de que Leonardo utilizaba sus habilidades de observación para estudiar el agua en todas sus formas. A esto se le llama tener un "enfoque científico". Leonardo confiaba en su capacidad para "domar" el agua, ya fuera por medio de un gran proyecto, como un canal, o diseñando curiosos artefactos para aprovechar su fuerza.

1492
Fallece Lorenzo de Médici, dirigente de Florencia y patrón de las artes.

1493
Se exhibe en Milán el modelo de arcilla de Leonardo para el monumento a Sforza.

El sueño de volar

Leonardo tenía otra obsesión en la década de 1490: volar. Nunca dejó de admirar a los pájaros batiendo sus alas o planeando por el cielo sin esfuerzo. En sus notas hay dibujos de pájaros, y se pregunta cómo vuelan. Sus investigaciones lo llevaron a diseñar máquinas destinadas a conquistar los cielos.

Leonardo creía que el pájaro que lo había visitado cuando era un bebé había sido una señal de su futuro interés por volar. De la misma manera en la que usaba sus poderes de observación para estudiar el agua, puso todo su empeño en intentar comprender cómo los pájaros se alzaban en vuelo, se mantenían en el aire y aterrizaban. Diseccionó las alas de muchos pájaros muertos para estudiar sus huesos y sus músculos.

Arriba: Leonardo dibujó esta máquina, llamada "tornillo aéreo". Funcionaba de forma muy parecida a los helicópteros actuales. Leonardo anotó: "Creo que si a este instrumento lo cubro de lino y le doy vueltas rápidamente, se elevará hacia el cielo".

A partir de estos estudios, esperaba diseñar un objeto con el que pudiera volar, pues, si los pájaros podían hacerlo, ¿por qué no podrían los hombres? Su máquina voladora sería una "nave aérea" y sus cuadernos de notas contienen dibujos de

1494
Carlos VIII de Francia invade Italia.

17 de noviembre de 1494
El bronce destinado al Monumento a Sforza se utiliza para fabricar cañones.

Derecha: Modelo moderno del "tornillo aéreo", construido según su diseño.

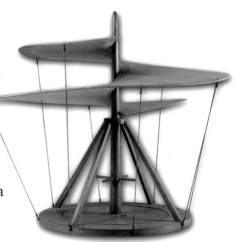

distintos objetos. Uno de sus diseños era un ala impulsada por pedales y un piloto bajo ella. Éste haría batir el ala accionando los pedales. Otro de sus inventos consistía en una máquina en la que el piloto debía permanecer erguido para accionar dos pares de alas que giraban en círculo.

Algunos creen que Leonardo llegó realmente a construir algunos de sus inventos. Se cree que hizo reproducciones de ellos a pequeña escala con el fin de ponerlos a prueba. En sus cuadernos describe cómo planeaba saltar desde el tejado de un edificio de Milán a bordo de una máquina muy parecida a un ala delta actual. Pero nunca lo hizo.

En sus notas, afirma que para poner a prueba esta máquina, tendría que hacerlo sobre un lago y con un salvavidas en la cintura, "para no ahogarme si me caigo al lago".

Leonardo no fue el primero en interesarse por volar, pero sí fue el primero en hacer un estudio científico sobre la posibilidad de hacerlo. Una vez más, se adelantaba a su tiempo.

El primer paracaídas

Leonardo inventó el paracaídas hacia 1485. Hizo un dibujo de este dispositivo en uno de sus cuadernos, afirmando que, con él, una persona "podría caer desde cualquier altura sin hacerse daño". Su diseño se puso a prueba el 24 de junio de 2000, cuando un paracaidista inglés, llamado Adrian Nicholas, saltó desde una altura de 3 000 metros. El paracaídas de Leonardo, con su forma de pirámide, funcionó a la perfección.

1495

Venecia, Milán, Roma y España forman una alianza contra los franceses, que controlan la ciudad de Nápoles.

Julio de 1495

La alianza de las ciudades-estado italianas derrota a los franceses en la Batalla de Fornovo.

Un fresco muy frágil

Hacia 1495, Leonardo había permanecido en Milán durante casi 15 años, pero las cosas no le resultaron muy bien. Había pintado el retrato de Cecilia Gallerani (página 15), la novia de Ludovico Sforza, pero los planes para la estatua ecuestre se habían paralizado a causa de la invasión francesa. Pero su suerte estaba a punto de cambiar.

Abajo: *La última cena* de Leonardo es una obra maestra de la perspectiva, pues crea la ilusión de una habitación tridimensional. La mirada del espectador se dirige directamente a Cristo, que está en el centro.

En 1495, el ejército francés fue derrotado por una alianza de estados italianos. Había llegado el momento de que Ludovico Sforza se dedicara al mundo de las artes. Le encargó a Leonardo que pintara *La última cena* en la pared del refectorio del monasterio de Santa Maria delle Grazie, de Milán.

1495

Ludovico Sforza le encarga a Leonardo *La última cena*.

1498

Leonardo recibe el encargo de decorar varias habitaciones del Castello Sforzesco, el hogar de la familia Sforza.

Leonardo comenzó haciendo bocetos en sus cuadernos. A partir de sus notas y dibujos, puede apreciarse lo mucho que pensó en la composición del cuadro: la posición de los personajes, la disposición de los alimentos en la mesa, el trasfondo y cómo se vería desde el suelo, pues el cuadro estaría situado a unos 2,4 metros de altura. La pintura muestra el momento en el que Cristo revela que uno de sus apóstoles lo va a traicionar. Leonardo

La última cena

La última cena, tal como cuenta la Biblia, es un momento clave en la vida de Cristo. Se trata de la última comida que tomó con sus discípulos la noche anterior a su crucifixión. Éste es el origen del sacramento de la comunión en la religión católica, donde se toma pan y vino (el cuerpo y la sangre de Cristo), al igual que hizo Cristo con sus discípulos.

dispuso a los apóstoles de tres en tres, con expresión de sorpresa.

Según se cuenta, tardó mucho tiempo en terminarlo, a pesar de contar con varios ayudantes. Un testigo del proceso dijo que podían pasar días sin que añadiera nada nuevo, pero esa misma persona afirmó que Leonardo trabajó de la noche a la mañana, sin dejar el pincel un solo momento y olvidándose hasta de comer y de beber. Lo cierto es que tardó entre dos y tres años en completarlo, lo que no resulta excesivo, considerando la cantidad de trabajo que supuso y el hecho de que Leonardo trabajaba, al mismo tiempo, en otros proyectos en Milán. El resultado fue una obra maestra que se ha convertido en una de las obras más famosas del artista. Por desgracia, poco después de terminarla, la pintura empezó a deteriorarse. Este fresco ha sido restaurado en varias ocasiones y, actualmente, tan sólo un 20 por ciento de lo que se ve es la pintura original. El resto es labor de los restauradores que han trabajado sobre el modelo de Leonardo.

1499
Luis XII, rey de Francia, invade Milán. Ludovico Sforza pierde el poder.

1499
Venecia entra en guerra con el Imperio otomano.

NUEVOS RETOS

Viajes por Italia

Arriba: Leonardo realizó este mapa de Imola hacia 1502. Es un plano aéreo detallado calle por calle de la ciudad, probablemente el primero que se hizo. La mayoría de los mapas de la época se trazaban desde un ángulo.

Página anterior: Leonardo realizó este autorretrato cuando tenía 60 años. En él se ve como un hombre mayor, con pelo largo y fino, y una espesa barba.

A finales del siglo XV, Leonardo abrió una nueva etapa en su vida. Con 47 años, se disponía a enfrentarse a varios retos, viajes y distintos cambios.

La paz que había vuelto a la ciudad de Milán en 1495 duró poco tiempo. En 1499, el nuevo rey de Francia, Luis XII, volvió a invadir la ciudad. Ludovico Sforza se vio obligado a huir y Leonardo decidió regresar a Florencia. Transfirió una gran cantidad de dinero a un banco de la ciudad, puso sus pertenencias en tres maletas y abandonó Milán a finales de diciembre de 1499, tras pasar casi 20 años en la ciudad.

Salai, que por entonces contaba con 19 años, acompañó a Leonardo en su periplo. El maestro y su ayudante no fueron directamente a Florencia, sino que se dirigieron al sureste, a la ciudad de Mantua, donde Leonardo hizo el dibujo de Isabella d'Este, hermana de la esposa de Ludovico Sforza. A principios de 1500, llegaron a Venecia, donde Leonardo reflexionó sobre cómo inundar el valle para destruir al ejército turco que amenazaba la ciudad. Al igual que muchas de sus ideas, sus planes nunca llegaron a materializarse.

Diciembre de 1499
Leonardo parte de Milán camino de Mantua y Venecia.

Abril de 1500
Leonardo regresa a Florencia.

Derecha: Uno de los estudios de Leonardo para el cuadro *Santa Ana, la Virgen y el Niño*, dibujado hacia 1508. Mide 1,5 m de alto y 0,9 m de ancho y está hecho en lápiz sobre papel marrón.

Hacia el mes de abril de 1500, Leonardo estaba de vuelta en Florencia. Allí volvió a ver a su anciano padre, Ser Piero, y su cuarta esposa, Lucrecia, y a sus 11 hermanastros, con edades comprendidas entre los dos y los 24 años.

Leonardo se encontró una vez más con que no tenía trabajo. Debía buscar un mecenas y un lugar donde vivir. Se alojó con Salai en la iglesia de la Anunciación, cuyos monjes le habían encargado pintar un retablo. Éste debía mostrar a la Virgen María, a Santa Ana, y a Jesús y a Juan el Bautista de niños. Leonardo hizo varios bocetos a lo largo de los años, pero nunca llegó a realizar el cuadro. Toda su atención se centraba entonces en las matemáticas. Tal vez fuera esto, junto con sus constantes viajes, lo que le impidió finalizar el retablo. En 1501, viajó a Roma, y al año siguiente, a Imola, al norte de Florencia. Pero no se estableció de modo permanente en ninguna de estas dos ciudades.

Vegetariano

Leonardo era vegetariano, pues amaba a los animales. No quería que su cuerpo se convirtiera en lo que él llamaba una "tumba de otros animales". Creía que las criaturas capaces de moverse podían sentir dolor, así que sólo comía lo que no podía moverse, es decir, verduras.

1501
Leonardo recibe el encargo de pintar *Santa Ana, la Virgen y el Niño* para la iglesia de la Anunciación.

1501
Leonardo visita Roma.

El arte de la guerra

Leonardo vivió tiempos muy turbulentos. Había sido testigo de la invasión francesa de Milán en 1499; sabía que Venecia estaba en guerra con el Imperio otomano, y era consciente de los distintos conflictos que había entre las ciudades de Italia. Como consecuencia, muchas de sus ideas tenían una finalidad militar.

Desde sus primeros días en Milán en la década de 1480, Leonardo había mostrado un interés genuino por la ingeniería militar. Sus cuadernos estaban repletos de pensamientos sobre temas de ingeniería y diseños de nuevas máquinas de guerra. Pasaba también mucho tiempo reflexionando sobre cómo levantar murallas defensivas para las ciudades. Diseñó puentes móviles, túneles de escape y habitaciones subterráneas secretas donde la gente podía esconderse. También diseñó armas, incluido un escudo contra espadas, una catapulta gigante, una pistola de varios cañones, una ballesta enorme, un cañón de metralla y un lanzallamas.

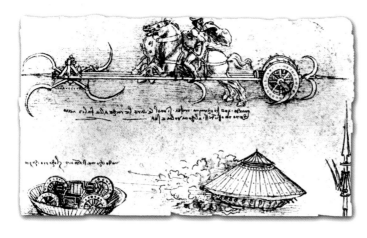

Izquierda: Colección de máquinas de guerra dibujadas por Leonardo en su cuaderno. En lo alto, está su diseño de un vehículo tirado por caballos y equipado con cuchillas para romper las líneas de los ejércitos enemigos. Más abajo, se ve un carro acorazado de madera. Nunca llegó a construirse, pero fue el primer tanque de la historia.

1501

Leonardo pinta la *Madonna*, también llamada la *Virgen de la rueca*.

Agosto de 1502

Leonardo es nombrado ingeniero militar de Cesare Borgia, en Roma.

Derecha: Modelo moderno del acorazado de Leonardo. Según sus notas, se necesitaban ocho hombres para manejarlo: unos se encargaban de mover las ruedas, algunos de mirar por las torretas y otros de disparar los cañones.

Leonardo tuvo que esperar más de veinte años para ver sus ambiciones militares hechas realidad. En agosto de 1502, fue nombrado ingeniero del poderoso Cesare Borgia (1475–1507), hijo ilegítimo del papa Alejandro VI y comandante de sus ejércitos. Borgia quería conquistar toda Italia. Mandó expedir un pasaporte especial para Leonardo con el que éste podía viajar libremente por el territorio que dominaba (página 27), y durante seis meses el artista visitó las ciudades leales a los Borgia. El trabajo de Leonardo era hacer recomendaciones sobre cómo mejorar las fortificaciones existentes.

Su interés por los asuntos militares no significa que a Leonardo le gustara la guerra. Lo que pretendía era utilizar su inteligencia para ayudar a la gente en los tiempos tan convulsos en que vivían. "Nunca me cansaré de ser útil", dejó escrito en uno de sus cuadernos.

"Fabricaré carros cubiertos, seguros e inexpugnables, que penetrarán en las líneas del enemigo gracias a su artillería y no habrá formación de hombres armados tan grande con la que no puedan. Y detrás de ellos, la infantería avanzará sin peligro y sin obstáculos."
Carta de Leonardo da Vinci a Ludovico Sforza, hacia 1481

1502–1503
Leonardo viaja por toda Italia al servicio de Borgia. Diseña máquinas de guerra y traza mapas.

1503
Fallece el papa Alejandro VI y Cesare Borgia pierde el poder. Se elige nuevo papa: Julio II.

Batalla de gigantes

En 1503, el papa Alejandro VI murió y su hijo, Cesare Borgia, perdió todo su poder. Leonardo regresó a Florencia. Por entonces, ya había adquirido reputación como artista y tenía muchos encargos. En el otoño de aquel año, le pidieron que pintara un fresco muy importante. Este trabajo lo enfrentaría a uno de sus grandes rivales.

En 1494, Florencia se había convertido en una república, tras la expulsión de la familia Médici que la había gobernado hasta entonces. Las nuevas autoridades de la ciudad querían celebrarlo decorando las paredes del ayuntamiento, el Palazzo Della Signoria. Querían pintar dos frescos en las paredes opuestas de la sala de reuniones del consejo. Los frescos debían representar las batallas ganadas por Florencia: la de Anghiari (frente a Milán, en 1440) y la de Cascina (contra Pisa, en 1364). Se trataba de un importante encargo público y tan sólo se pensó para su realización en los más grandes artistas de Florencia. Así pues, le pidieron a Leonardo que se encargara de la Batalla de Anghiari, y a Miguel Ángel que pintara la Batalla de Cascina.

Izquierda: Aunque quedó cubierto por una pintura posterior, conocemos el aspecto del fresco de *La Batalla de Anghiari* porque otros artistas la copiaron. Un ejemplo es el que aparece en esta fotografía, que muestra el momento en el que las dos partes luchaban por apropiarse de una bandera. Es obra del artista flamenco Pedro Pablo Rubens, de principios del siglo XVII.

Primavera de 1503

Leonardo regresa a Florencia y comienza a trabajar en la *Mona Lisa*, su cuadro más famoso.

Otoño de 1503

Leonardo comienza a pintar *La Batalla de Anghiari*, que nunca terminará.

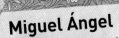

Miguel Ángel

Su nombre completo era Miguel Ángel di Ludovico Buonaroti (1475-1564) y fue uno de los mejores escultores, pintores y poetas del Renacimiento. Tardó cuatro años en terminar los frescos de la Capilla Sixtina de Roma. Otra de sus obras más conocidas es la estatua de mármol de David. Leonardo tuvo la ocasión de verla y la dibujó en uno de sus cuadernos. Colaboró también en la búsqueda de un lugar para exhibirla en Florencia (1475–1564).

Leonardo tenía 51 años y Miguel Ángel 29. Aunque se respetaban mutuamente por su trabajo, no se estimaban personalmente, e incluso habían llegado a insultarse en público.

Leonardo comenzó haciendo dibujos en sus cuadernos. Al pasarlo a su tamaño real, la imagen era enorme, pues medía 18 metros de ancho y 7,3 metros de alto. Leonardo y sus ayudantes tardaron más de un año en terminar los bocetos. En junio de 1505 ya estaba preparado para empezar a pintar.

Leonardo no utilizó el método tradicional de la pintura al fresco, sino una nueva técnica, mezclando aceite y témpera. El resultado fue desastroso: la escayola no secó bien y las pinturas al óleo goteaban. Después de once meses, dejó de pintar, pero la parte que completó recibió todo tipo de elogios por su maestría en la representación del cuerpo humano. Miguel Ángel tampoco acabó su fresco, pues había sido llamado a Roma para trabajar para el papa Julio II. En la década de 1560, Giorgio Vasari pintó sobre ambos frescos.

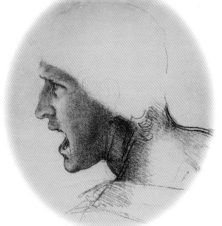

Derecha: Uno de los muchos estudios de Leonardo para *La Batalla de Anghiari*. Aquí se ve la cabeza de un soldado.

9 de julio de 1504
Muere Ser Piero, padre de Leonardo.

1504
Se exhibe, por primera vez, la famosa estatua del David de Miguel Ángel, en Florencia.

La *Mona Lisa*

Probablemente, Leonardo comenzó a trabajar en la *Mona Lisa* en 1503. Actualmente, el cuadro puede apreciarse en el museo del Louvre de París. Se cree que la mujer del retrato es Lisa Gherardini, esposa de Francesco del Giocondo, comerciante de seda de Florencia. Es posible que Franceso le encargara el retrato a Leonardo. Se piensa que la mujer llevaba el título de "Monna", un diminutivo de Madonna, que quiere decir "mi señora". Con el paso de los años, la palabra evolucionó hasta convertirse en "Mona". Es una pintura revolucionaria en muchos aspectos. Leonardo utilizó la pose de tres cuartos en su sentido pleno; el sujeto aparece retratado desde la cintura, incluidas las manos, y sus ojos miran directamente al espectador, en lugar de hacia la distancia, algo nunca visto hasta entonces.

Izquierda: Leonardo tardó unos cuatro años en completar la *Mona Lisa*. La pintó al óleo y capa por capa. Utilizó pinceles muy finos, tanto que no se pueden distinguir las pinceladas. Leonardo era un perfeccionista que se tomaba su tiempo con cada obra que emprendía. De hecho, nunca creyó que la terminaría y trabajó en ella toda su vida. La obra es famosa por la extraña expresión de la mujer retratada, cuya sonrisa parece encerrar un misterio.

DESAPARECIDA...

El 21 de agosto de 1911, Vicenio Peruggia, decorador y pintor italiano que trabajaba en el Louvre, sacó a la *Mona Lisa* de su marco, la escondió bajo su abrigo y abandonó el edificio. El Louvre estuvo cerrado durante una semana. El robo ocupó los titulares de la prensa (como se ve en el recorte de periódico de la derecha); se escribieron canciones sobre ello e incluso se hizo una pequeña película sobre lo ocurrido.

...Y HALLADA

La *Mona Lisa* estuvo desaparecida durante dos años, hasta que Peruggia trató de venderla a un anticuario de Florencia. Dijo que había robado el cuadro porque quería que volviera a Italia, donde pertenecía. Pero su plan no dio resultado. El cuadro fue enviado de vuelta al Louvre y Peruggia pasó 18 meses en la cárcel.

El cuerpo humano

Para Leonardo, ver era creer, y así, observando lo que le rodeaba en detalle fue como aprendió cosas sobre el mundo. Nunca se basó en el trabajo de otros, sino que prefería investigar por sí mismo. Esto es evidente en sus estudios sobre el cuerpo humano.

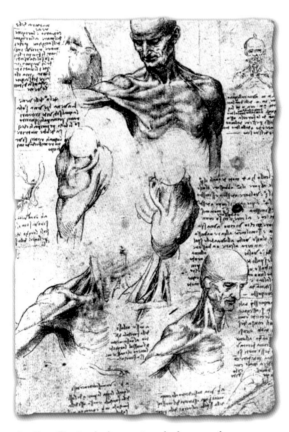

Arriba: Parte de las notas de Leonardo sobre los músculos del brazo y del hombro.

Su interés por la estructura del cuerpo humano comenzó en la década de 1480, pero alcanzó su punto máximo a principios de 1500. Leonardo deseaba saber cómo funcionaban los músculos, los huesos y los órganos del cuerpo y cuál era su aspecto. La única forma que tenía de averiguarlo era diseccionando, o abriendo, cuerpos. Según sus escritos, llegó a diseccionar más de 30 cuerpos de hombres y mujeres de todas las edades.

Leonardo quería saber cómo estaban dispuestos los huesos en el cuerpo humano, cómo se movían y cuál era la función de los músculos. También quería

1506

Leonardo regresa a Milán con Salai a invitación de Charles d'Amboise, gobernador francés de la ciudad.

1507

El rey Luis XII de Francia nombra a Leonardo pintor de cámara, con base en Milán. Conoce a Francesco Melzi.

"Los músculos que mueven los labios de la boca son más numerosos en el hombre que en cualquier otro animal; y esto es algo necesario, teniendo en cuenta las muchas acciones en las que se emplean los labios, como… silbar, reír, llorar y otras similares. O, en los extraños gestos que hacen los payasos cuando hacen sus imitaciones."

Leonardo da Vinci, *Cuadernos de notas*

saber cómo funcionaban los pulmones, cómo veían los ojos y cómo la sangre corría por las venas. Conocer el cuerpo de esta manera le hacía apreciarlo mejor, y este conocimiento único le ayudaba a dibujarlo de forma más realista.

La disección era una práctica ilegal, así que tenía que hacerlo en secreto. Era una labor muy trabajosa y también peligrosa, porque corría el riesgo de sufrir una infección al estar en contacto con los cadáveres. Tras localizar la parte del cuerpo que quería examinar, la lavaba y la dibujaba. A veces, debía repetir la misma operación en dos o tres cuerpos, pues el órgano se corrompía antes de terminar el dibujo. En total, Leonardo hizo unos 200 bocetos del cuerpo humano. Muchos artistas, incluido Miguel Ángel, diseccionaban cuerpos, pero Leonardo fue el primero en considerar sus dibujos como un fin y una obra en sí mismos, en lugar de un estudio para un cuadro.

Con sus investigaciones, Leonardo esperaba poder resolver lo que él llamaba el "gran misterio": el significado de la vida humana en sí mismo. Quería descubrir el alma, pero se dio cuenta de que esto era una búsqueda imposible.

1508
El papa Julio II encarga a Miguel Ángel que decore los techos de la Capilla Sixtina, en el Vaticano.

1509
Leonardo continúa sus estudios de anatomía humana.

Una invitación a Francia

En 1506, Leonardo y Salai regresaron a Milán. La ciudad seguía bajo control francés y fue precisamente para los franceses para quienes Leonardo trabajó en sus últimos años de vida.

En Milán, Charles d'Ambroise, gobernador francés de la ciudad, pidió a Leonardo que diseñara una villa con su jardín. Leonardo hizo un boceto de la casa y planificó el jardín, que incluía un molino que bombeaba agua y hacía que unos instrumentos tocaran música. Era un gran diseño, pero la villa nunca llegó a construirse.

En 1507, el rey Luis XII de Francia pidió a Leonardo que trabajara en Milán para su corte. Leonardo recibía un salario por su trabajo y se encargaba de diseñar decorados teatrales. Pero, en 1512, Milán fue ocupada por el ejército suizo: los franceses se vieron obligados a salir de la ciudad y la familia Sforza volvió al poder. Leonardo se quedó en casa de un amigo, un noble de 20 años, Francesco Melzi.

Izquierda: El castillo de Cloux en la actualidad. El edificio ha sido ampliado desde que Leonardo vivió allí a principios del siglo XVI.

1512
Los franceses abandonan Milán tras ser derrotados. Leonardo se va a vivir con Francesco Melzi.

1513–1516
Leonardo pasa su tiempo entre Florencia y Roma. Se autorretrata con 60 años.

Izquierda: Según Giorgio Vasari, Leonardo murió en brazos del rey Francisco I. En este cuadro, hecho en 1818, por el francés Ingres, se muestra el momento. Pero la historia no es cierta, porque el rey se encontraba en otro lugar en aquella fecha.

Desde 1513 hasta 1516, Leonardo y sus compañeros Salai y Melzi pasaban su tiempo entre Florencia y Roma. Fue por esta época cuando Leonardo hizo su famoso autorretrato (página 45). En él, aparece como un hombre de 60 años con los ojos medio cerrados, como si fuera bizco. En sus cuadernos, dice llevar gafas: es posible que le hubiera empezado a fallar la vista.

Ya anciano, a Leonardo le costó encontrar un mecenas en Italia. Cuando el nuevo rey de Francia, Francisco I, lo nombró su pintor oficial en 1516, Leonardo no tenía ya motivos para permanecer en Italia. Partió con Melzi, Salai y varios de sus cuadros y cuadernos hacia su nuevo hogar en Cloux, en el centro de Francia. Allí, Leonardo comenzó a poner en orden sus notas, y el rey Francisco le pidió que diseñara un palacio. Nunca llegó a completar ninguna de estas dos tareas. El 2 de mayo de 1519, a la edad de 67 años, murió. Lo enterraron en la iglesia de St. Florentin, en Amboise, cerca de Cloux.

Una tumba perdida

La iglesia de St. Florentin fue derribada en el año 1802. Fue en este momento cuando el lugar del descanso final de Leonardo desapareció sin dejar rastro. Durante un tiempo se intentó localizar la tumba, y se desenterraron algunos huesos, pero nadie sabe con certeza dónde reposa Leonardo.

Hacia 1515

Leonardo pinta *San Juan, el Bautista* (página 3).

1516

Leonardo se muda a Cloux, Francia y trabaja para el rey Francisco I como pintor oficial.

El legado de Leonardo

Leonardo dejó a sus espaldas un legado increíble. Sus pinturas y cuadernos de notas nos trasladan a la Italia del Renacimiento de hace 500 años. En ellos, descubrimos a un hombre único con una gran sed de conocimiento. Un hombre cuyos sueños y descubrimientos lo transportaron al futuro. Un hombre que se adelantó a su tiempo.

Arriba: Moneda actual de un euro, acuñada en Italia, con el estudio hecho por Leonardo de las proporciones del cuerpo humano. Este dibujo se conoce como el *Hombre de Vitruvio.*

Las siguientes obras de Leonardo han sobrevivido al paso del tiempo: siete cuadros hechos con otros artistas, 13 cuadros hechos por sí mismo, unos 4 000 dibujos y alrededor de 7 000 páginas de notas de su puño y letra. Es difícil saber todo lo que se ha perdido. Un cuadro, *La batalla de Anghiari*, todavía existe escondido bajo un trabajo posterior. Otro, *Leda y el cisne*, se destruyó en un incendio y es posible que haya unas 13 000 páginas de notas desaparecidas. A pesar de ello, hasta nuestros días han llegado suficientes datos sobre Leonardo como para poder considerarlo un verdadero genio.

En vida, muchos alabaron sus habilidades musicales (cantaba y tocaba la lira), así como sus inventos, a pesar de que llegó a construir muy pocos. Aunque dejó varios cuadros inacabados, los que terminó fueron elogiados por su belleza y perfección.

2 de mayo de 1519

Muere Leonardo en Cloux, Francia, con 67 años. Es enterrado en la iglesia de St. Florentin, en Amboise.

1999

Se termina un caballo de bronce, hecho según el diseño de Leonardo para el monumento a Sforza.

Sin embargo, no fue hasta la edad moderna cuando el carácter extraordinario y la grandeza de Leonardo se apreciaron realmente. En el siglo XIX, los investigadores comenzaron a leer sus cuadernos de notas. Entonces, el mundo supo de este gran hombre y ocupó, finalmente, el lugar que le correspondía en la historia.

Leonardo no tuvo parangón como hombre de conocimiento durante siglos. De su pincel salieron algunos de los cuadros más conocidos en todo el mundo. Como ingeniero, diseñó máquinas que aún utilizamos, como el helicóptero, los carros acorazados o el paracaídas. Nadie pudo superar sus estudios de anatomía humana durante cientos de años. Leonardo fue un hombre sabio, competente en muchas áreas, desde el arte hasta la arquitectura, la anatomía humana y la guerra, la ciencia y los inventos. Se le considera el máximo exponente del "hombre del Renacimiento".

Abajo: En 1503, Leonardo diseñó un puente en Constantinopla (Estambul, Turquía) que nunca llegó a construirse. En 2001 se abrió en Aas, Noruega, un puente para peatones siguiendo el diseño de Leonardo. Con él se demostró que su proyecto funcionaba.

2001

Se abre un puente en Noruega, construido según uno de los diseños de Leonardo.

2002

Se selecciona el *Hombre de Vitruvio* hecho por Leonardo para las monedas de un euro italianas.

Glosario

alianza: acuerdo formal entre dos o más países, ciudades o estados, normalmente con fines militares.

anatomía: estudio de la forma y estructura de una planta o animal, especialmente del cuerpo humano.

Anunciación: anuncio por parte del ángel Gabriel a la Virgen María de que daría a luz a Jesús.

aprendiz: persona que firma un contrato con un artista o artesano durante un período determinado de tiempo. El aprendiz se compromete a trabajar para el artesano o artista, al tiempo que aprende los principios básicos de dicho arte.

barniz: líquido transparente que al secarse forma una capa de protección sobre la superficie de una pintura o de un mueble.

capilla: lugar de dimensiones reducidas donde los cristianos acuden a orar. Normalmente se encuentra adjunto a un edificio más grande, como una catedral, un monasterio, una fortaleza o un castillo.

disección: proceso por el que se abre a una planta o a un animal para examinar su estructura interna.

draga: barco de grandes dimensiones equipado con palas, que se utiliza para remover el lecho de un río o un canal y limpiarlo.

Edad Media: período histórico que se extiende desde el siglo V hasta el siglo XIV aproximadamente.

encargo: petición hecha a un artista, constructor o artesano para que cree algo. En la época de Leonardo, los encargos los hacían las familias más adineradas de un lugar. Se les llamaba patrones o mecenas.

fortificaciones: estructuras diseñadas para proteger una ciudad o un edificio de un ataque.

fresco: pintura hecha en una pared mientras la escayola aún está húmeda. Cuando ésta se seca, liga la pintura utilizada y la imagen pasa así a ser parte de la pared.

genio: persona con una inteligencia, creatividad o habilidad natural excepcionales.

gremio: grupo de personas que desempeñan el mismo oficio, arte o profesión y que se unen para proteger intereses comunes.

hombre del Renacimiento: con conocimientos en distintas áreas, especialmente artes y ciencias. La capacidad de dominar varios campos del conocimiento era una de las aspiraciones del período renacentista.

ilegítimo: niño nacido de padres que no están casados.

Imperio otomano: imperio turco que se extendía por Europa, Asia y África. Se consolidó entre los siglos XIII y principios del siglo XX.

lira: instrumento musical de cuerda con forma de U.

marquetería: arte en el que se usan pequeñas piezas de madera de distintos colores y calidades con las que se hacen distintas figuras e imágenes.

mineral: sustancia natural, como una roca o un cristal.

molde: forma o marco que se emplea para dar forma a un material.

natividad: nacimiento de Cristo, o una pintura o escultura que lo representa.

papa: cabeza de la Iglesia Catolica Romana. Actualmente, la residencia oficial del papa es la Ciudad de El Vaticano, que se encuentra dentro de Roma, capital de Italia.

pasaporte: documento oficial que permite a su titular viajar libremente entre distintos territorios o países.

patrón: persona que paga a un artista.

perspectiva: método por el que se muestra una distancia tridimensional en una pintura o dibujo de dos dimensiones, haciendo, por ejemplo, que los objetos más alejados en una escena parezcan más pequeños que los que están en primer plano.

perspectiva de tres cuartos: posición en la que un objeto está dispuesto ligeramente hacia un lado. Se utiliza especialmente en los retratos.

pigmento: sustancia que añade color. En los tiempos de Leonardo, los colores de las pinturas se obtenían de elementos naturales, como el estaño, del que se obtenía el blanco.

pintura al óleo pintura que se realiza mezclando pigmentos (colores) en polvo con aceite vegetal.

Renacimiento: literalmente, "vuelta a nacer". Fue un movimiento artístico, literario y científico inspirado en la cultura de la antigua Grecia y antigua Roma. En la pintura, el Renacimiento introdujo un mayor realismo. Comenzó en el siglo XIV en Italia y desde allí se extendió al resto de Europa.

república: país o ciudad-estado en la que el poder estaba en manos del pueblo y sus representantes electos.

retablo: pintura religiosa que se coloca detrás del altar en las iglesias.

retrato: dibujo o pintura que refleja los rasgos de una persona.

Reyes Magos: según la Biblia, los tres sabios de Oriente que visitaron al niño Jesús cuando nació y le llevaron oro, incienso y mirra.

taller: habitación o edificio donde se fabrican artículos. Los talleres de los artistas realizan obras de arte encargadas por los patrones.

témpera: método de pintura que utiliza pigmentos en polvo mezclados con agua y yema de huevo. Fue muy popular en Europa durante los siglos XII y XV.

villa: gran casa situada en el campo.

volátil: dado a cambios bruscos de temperamento.

Bibliografía

Bramly, Serge, *Leonardo: The Artist and the Man*, Penguin, Londres, 1994

Kemp, Martin, *Leonardo*, Taschen, Colonia, 2000

Nicholl, Charles, *Leonardo da Vinci: The Flights of the Mind*, Allen Lane, Londres, 2004

Sassoon, Donald, *Mona Lisa: The History of the World's Most Famous Painting*, HarperCollins, Londres, 2001

Vasari, Giorgio, traducido por George Bull, *Lives of the Artists*, Penguin, Londres, 1965

Zöllner, Frank, *Leonardo*, Oxford University Press, Oxford, 2004

Fuentes de las citas:

p. 13 *Lives of the Artists*, Giorgio Vasari, Penguin, Londres, 1965

pp. 21, 34, 49, 55 *The Notebooks of Leonardo da Vinci*, Irma A. Richter, Oxford University Press, Oxford, 1952

Información sobre la vida, obra y tiempos de Leonardo da Vinci en Internet:

http://www.elrelojdesol.com/leonardo-da-vinci/ interactive/index.htm
Viaje interactivo por la vida de Leonardo da Vinci.

http://www.biografiasyvidas.com/monografia/ leonardo/index.htm
Una biografía muy completa y una cronología clara y sencilla que resulta de gran utilidad.

http://www.bbc.co.uk/science/leonardo/studio/
Explora desde tu ordenador el estudio de Leonardo da Vinci.

http://www.leonet.it/comuni/vinci/
Sitio web oficial del Museo Leonardo, situado en Vinci, Italia, la aldea natal del artista.

http://www.leonardo3.net/leonardo/machines_eng. htm#001
En este sitio encontrarás modelos a escala de los inventos de Leonardo.

Índice alfabético

abogados 9, 10, 11, 13, 16
agua 36, 38–39
alas 40, 41
Amadori, Albiera 9, 11, 12, 16
Amboise, Charles d' 54, 56
anatomía 35, 38, 51, 54–55, 59
aprendices 17, 20, 34–35
armas 48–49
asedio 33

Borgia, Cesare 27, 48, 49, 50
Botticelli, Sandro 15, 25
    Primavera 25
bronce 16, 17, 32, 33, 36, 40
Brunelleschi, Filippo 12

"Caballo americano" 33
canales 38, 39
cañones 32, 33, 40, 48, 49
Capilla Sixtina 28, 51, 55
Caprotti, Giacomo di Pietro
    véase Salai

carbón 22
Carlos VIII 33, 40
Castello Sforzesco 42
catapultas 48
Caterina (madre) 9, 10, 11
ciudades-estado 27, 33, 41
Cloux 56, 57, 58
coches acorazados 33, 48, 49
colores 21, 22
cometas 11
Cortigiani, Lucrezia di
    Guglielmo 33, 47

David 16, 17, 51
da Vinci
    Antonio (abuelo) 8, 9, 11, 13
    Antonio (hermanastro) 23, 25
    Francesco 11, 12, 16
    Leonardo *véase* Leonardo da Vinci
    Lucía 11

Ser Piero 9, 11, 16, 17, 24, 25, 47, 51
dragas 38

ejércitos 27, 46, 48, 56
escayola 22, 51
España 41

familia Este 27
    Isabella 46
festivales 11
Firenze, Paolo da 25, 34
Florencia 8, 10, 11, 15, 16, 17, 20, 22, 23, 24, 25, 26, 27, 28, 29, 32, 34, 39, 46, 47, 50, 51, 53, 56, 57
Fornovo, Batalla de 41
Fra Angelico 24
Francia 40, 54
Francesco, Margherita di 22, 25, 32
Francisco I 57

frescos 22, 42, 43, 50, 51

Gallerani, Cecilia 15, 42
Gates, Bill 37
Gherardini, Lisa 52
Ghiberti, Lorenzo 10
Giocondo, Francesco del 52
Goliat 17
Gozzoli, Benozzo 26
   Procesión de los Magos
   26
Grecia, antigua 14
gremios 10
   de pintores 20, 22, 23

huevos 17, 22
helicópteros 40, 59

Imola 27, 46, 47
Imperio otomano 43, 48
Ingres 57
Italia 8, 10, 14, 22, 26, 27,
   33, 40, 42, 46, 48, 49,
   53, 57, 58

Jesucristo 23, 25, 26, 43, 47
juguetes 12

lanzallamas 48
Lanfredini, Francesca di Ser
   Giuliano 13, 16, 20, 24
lapislázuli 21
latín 12, 13
Leonardo da Vinci
   Adoración de los Magos
   28, 29
   Anunciación, La 20, 22, 23
   aprendiz 17,
   20–23
   batalla de Anghiari, La
   50–51, 58
   bautismo 8
   Cecilia Gallerani 15
   ingeniería militar 27, 33, 48
   Leda y el cisne 58
   Madonna o La virgen de la
   rueca 48
   manuscritos 21, 29, 32, 35,

36–37, 38, 40, 43, 48, 51,
   55, 57, 58, 59
   Mona Lisa 2, 8, 35, 50,
   52–53
   nacimiento 8, 9
   muerte 57
   última cena, La 32,
   42–43
   Santa Ana, la Virgen y el
   Niño 47
   San Juan, el Bautista 57
   Virgen de las rocas 32, 33
   testamento 35
liras 13, 28, 32, 33, 58
Louvre, museo 52, 53
Luis XII 43, 46, 54, 56

malaquita 21
Mantua 27, 46
mapas 46, 49
máquinas volantes 40, 41
María 20, 23
marquetería 34
Masini, Tommaso di Giovanni
   (Zoroastro) 34
matemáticas 8, 12, 47
Médici, familia 16, 17, 26,
   27, 50
   Lorenzo de 17, 24, 28,
   29, 39
Melzi, Francesco 54, 56, 57
Michelangelo Buonarroti 23,
   50, 51, 55
Milán 8, 27, 28, 29, 32, 33,
   34, 35, 39, 41, 42, 43,
   47, 48, 50, 54, 56, 57
   catedral 33
Mona Lisa 2, 8, 35, 50,
   52–53
monjes 28, 47
músculos 54, 55
música 12, 13, 28, 56

Nápoles 8, 27, 41
Natividad 25

olivas 10, 12

paisajes 8, 21

Países Bajos 22
palacios 11, 16, 57
   Palazzo della Signoria 50
   Palazzo Venezia 11
papas
   Alejandro VI 49, 50
   Julio II 49, 51, 55
   Sixto IV 28
paracaídas 41, 59
París 52
pasaportes 27, 49
patrones 24, 26, 29
perspectiva 12, 42
Peruggia, Vincenzo 53
Piero della Francesca 14
pigmentos *véase* colores
pilotos 41
pinceles 21, 43, 52
pintura al óleo 22, 51, 52
pinturas 21, 22, 51, 52
Pisa 27, 50
Pisanello, Antonio 14
plomo 21
puentes 33, 48, 59

Renacimiento 11, 14, 15, 25,
   26, 33, 51, 58, 59
retablo 24, 25, 28, 33, 47
retratos 14–15, 17, 23, 24,
   42, 46, 52, 56, 57
Reyes Magos 26, 28, 29
río Arno 16, 39
Roma 11, 27, 28, 41, 47, 48,
   51, 56, 57
Rubens, Pedro Pablo 50

Salai 34, 35, 38, 46, 47, 54,
   56, 57
San Bernardo, capilla de 25
San Donato, monasterio 28,
   29
San Jerónimo 25, 28
San Juan, el Bautista 2, 47
San Lucas 23
Santa Maria delle Grazie,
   monasterio 32, 42
sangre 38, 55
Sforza, familia 27, 42, 56
   Francesco 8, 32

Ludovico 28, 29, 32, 33, 34, 38, 42, 43, 46, 49

Sforza, Monumento 32, 36, 39, 40, 58

St. Florentin, iglesia de 57, 58

submarinos 38

Suiza 56

talleres 17, 20, 21, 22, 23, 24, 25, 28, 29, 34

témpera 22, 51

Toscana 10

uvas 10

Vasari, Giorgio 13, 23, 51, 57
Vidas de los más excelentes pintores, escultores y arquitectos 13

Vaticano 28, 55

Venecia 27, 41, 43, 46

Verrocchio, Andrea del 16, 17, 20, 21, 22, 23, 24, 28, 34
Bautismo de Cristo 21, 23
Tobías y el Ángel 17, 20, 23

Vinci 8, 9, 10, 11, 16, 27

vitela 36

vuelo 11, 40–41

Agradecimientos

i = inferior, c = centro, s = superior

Cubierta Corbis/Archivos Alinari; **1** The Bridgeman Art Library/Louvre, París; **3** Archivos Scala/Louvre, París; **7–8** Archivos Scala/Uffizi, Florencia; **10** Archivos Scala/Castello del Buonconsiglio, Trento; **12** The Art Archive/San Agostino, San Gimignano; **14s** Archivos Scala, Florencia/Louvre, París; **14i** Archivos Scala/Uffizi, Florencia; **15s** The Bridgeman Art Library/National Gallery, Londres; **15i** AKG-images/Museo Czartoryski, Cracovia; **16** The Bridgeman Art Library/Museo de Firenze Com'era; **17** The Bridgeman Art Library/Bargello, Florencia; **19** The Bridgeman Art Library/Uffizi; **20** Corbis/National Gallery, Londres; **22** Archivos Scala/Archivos estatales, Florencia; **23** AKG-images/National Gallery of Art, Washington; **24** Archivos Scala/Museo di San Marco, Florencia; **25** The Bridgeman Art Library/Museos y galerías de El Vaticano; **26–27** Archivos Scala/Palazzo Médici-Riccardi, Florencia; **27** Corbis/Ted Speigel; **28** The Bridgeman Art Library/Uffizi, Florencia; **29** Archivos Scala/Uffizi, Florencia; **31** AKG-images/Santa Maria delle Grazie, Milán; **32** The Royal Collection © 2005, Su Majestad Isabel II; **35** AKG-images/Rabatti-Dominige/Gabinetto Disegnie Stampe, Florencia; **36** Art Archive/ Biblioteca Nacional, Madrid/Joseph Martin; **37s** Corbis/James L Amos; **37c** The Bridgeman Art Library/ Bibliotheque de l'Institut de France, París; **37i** Corbis/Seth Joel; **38** The Bridgeman Art Library/ Bibliotheque de l'Institut de France, París; **40** AKG-images/Bibliotheque de l'Institut de France, París; **41** Archivos Scala, Florencia/Museo della Scienza e della Technica, Milán; **42** AKG-images/Santa Maria delle Grazie, Milán; **45** Corbis/Alinari Archives; **46** Archivos Scala, Florencia/Museo Vinciano, Vinci; **47** Corbis/ National Gallery Collection con permiso de la Junta de la National Gallery, Londres; **48** AKG-images/British Museum, Londres; **49** The Art Archive/Dagli Orti; **50** AKG-images/Ackademie de Bildenden Kunste, Viena; **51** AKG-images/Museo Szepmuveszeti, Budapest; **52** The Bridgeman Art Library/ Louvre, París/Giraudon; **53** Rex Features/Roger-Viollet; **54** Corbis/Bettmann; **56** Corbis/Brian Harding, Eye Ubiquitous; **57** AKG-images/Musee du Petit Palais, París; **58** Marshall Editions Archives; **59** Terje Johansen, Studio S/International Projects Liaison Leonardo Bridge Project/Brickfish Creative.